Petite Épître

A M. le Comte

DE MONTALEMBERT

PAR

UN CATHOLIQUE.

> Dieu a choisi les moins sages selon le monde, pour confondre les sages; il a choisi les faibles selon le monde, pour confondre les forts.
>
> Il a choisi les plus vils et les plus méprisables selon le monde et ce qui n'était rien, pour détruire ce qui est.
>
> Afin que nul homme ne se glorifie devant lui.
>
> (*S. Paul aux Corint,* I. 1, 27).

PARIS

Chez tous les Marchands de nouveautés.

JUIN 1850.

PETITE ÉPITRE

A

M. LE COMTE DE MONTALEMBERT

Monsieur,

Vous n'êtes pas catholique.

Un catholique ne se complairait pas, comme vous le faites, à prodiguer le sarcasme et l'injure à ses adversaires, fussent-ils ses ennemis. Lisez l'Évangile : ne lisez, si vous voulez, que les Commandements de Dieu !

On vous l'a dit et c'est vrai, vous avez peur. Vous savez très-bien, au fond, qu'on ne vous dévoue pas plus aux *dieux infernaux* que vous ne vous y dévouez vous-même. Et cependant si vous n'avez pas fui à Bruxelles, en Février, vous vous êtes fait plus *Polonais* que

1850

jamais, en ces jours néfastes ; et aujourd'hui vous fuiriez certainement à Vienne, à Rome et même plus loin, si quelque nouvelle révolution *infernale...* Soyez donc tranquille ! La *multitude* n'est pas, à beaucoup près, aussi méprisable que vous paraissez le croire. A vos mépris elle oppose sa pitié : vous n'avez rien à craindre.

Mais la peur n'est pas votre plus grand mal. Dévot, vous êtes sans humilité ; — Orateur, sans sincérité ; — Politique, — car je ne puis pas vous appeler un homme d'État, — politique, sans charité : voilà votre plus grand mal, car ainsi vous n'êtes pas catholique.

❦❖❦

Qu'y aurait-il donc de commun entre le catholicisme et vous, Monsieur de Montalembert ?

Je sais bien qu'à une autre époque, vous vous êtes associé à cet *infernal* M. de Lamennais, dans l'*Avenir*, et que vous avez publié alors de jeunes et ardentes homélies :

Sur la pauvreté évangélique et la nécessité d'y revenir,

Sur la liberté des cultes,

Sur la liberté de la presse,

Sur la liberté d'association,

Sur la liberté d'enseignement,

Sur toutes les libertés possibles,

Sur la *sainteté* de l'insurrection de Pologne, etc., etc. ;

Que même, *en Cour des pairs*, vous avez (non pas, comme plus tard, surpris le secret des votes pour le trahir) mais soutenu généreusement, par vous-même et par procureur, le fameux procès de l'*École libre.*

Mais vous étiez déjà un peu pair de France, à cette époque-là, et vous l'êtes devenu bien mieux ensuite. Vous avez toujours aimé à être pair de France, Monsieur le comte de Montalembert.

Il est vrai encore que, fatigué de l'état d'isolement et de suspicion où vous laissaient vos antécédents, sitôt désavoués ; mis surtout en avant, il faut le croire, par une Compagnie trop fameuse, dont les doctrines correspondent si bien à tous vos actes, vous avez fait de l'intrigue sous le nom d'*agitation* et formé ce qui s'est appelé fastueusement alors le *parti catholique.*

Mais vous vous rappelez sans doute que vous fûtes désavoué, comme vous l'êtes encore aujourd'hui, par un très-grand nombre d'évêques.

Et vous n'avez pas oublié non plus, — ce que beaucoup de gens ignorent — que, parmi les politiques dévots, les *de Carné*, les *Beugnot*, les *Lenormand*, les *Veuillot*. etc., vous passiez généralement pour un esprit sans suite et un caractère sans autorité ni consistance, en un mot, pour un BROUILLON.

On se servait de vous, mais on se moquait de vous ; vous n'étiez en réalité.—Le mot est dur et je voudrais n'avoir pas à le dire, — qu'une espèce de pantin, de marionnette dont quelque révérend père tenait le fil. C'est encore la même chose aujourd'hui ; il n'y a de changé que les rôles : alors vous étiez le *sergent Belle-Rose* du parti ; aujourd'hui, il veut faire de vous son *Rodin*. Avez-vous gagné au change ?

Vous êtes ambitieux, Monsieur de Montalembert, mais vaniteux surtout. Vous voudriez bien être ministre, et premier ministre; votre orgueil rutile et se dilate, rien qu'à s'imaginer que vous êtes aujourd'hui un des arbi-

tres de la situation : que dis-je ? que vous se-
rez bientôt le sauveur de la société, le restau-
rateur du catholicisme en France, le fils aîné,
le bras droit, la chair de la chair et l'os des os
de l'Église. Empereur d'Occident, Monsieur de
Montalembert, vous pourriez le devenir !.. Prenez garde ! vous ne seriez plus ultramontain.

Vous êtes un ambitieux vain, et par vaine
ambition vous aviez fait le Parti catholique ;
par vaine ambition, aujourd'hui vous le dé-
faites. Vos amis ont-ils donc si grand tort de
vous appeler un brouillon ?

Un véritable ambitieux ne s'y prend pas de
la sorte : il a dès longtemps conçu, médité, pré-
paré ses projets, but, objet et moyens ; et une
fois à l'œuvre, il ne s'en départ plus.

Vous, vous encensez la Liberté ; puis vous
conspuez cette même Liberté.

Et pourtant la Liberté est toujours la Liberté,
c'est-à-dire la plus grande grâce, le meilleur
bien, la plus puissante sauvegarde que Dieu,
dans sa bonté, ait accordé à la faiblesse de
l'homme.

N'êtes-vous qu'un brouillon ?

Seriez-vous, comme on vous l'a reproché,
un apostat ?

Je vous crois plutôt un brouillon, parce que je vous crois au fond un honnête homme ; mais écoutez donc enfin le cri de votre conscience ; entendez du moins la voix de vos discours !

⸎

Ces discours, je n'y reviendrai pas. Qui en a lu un les a lus tous, soit dans un sens, soit dans l'autre, pour ou contre la liberté. Sauf de rares et honorables exceptions, ils ont tous été jetés dans le même moule. Phrase maigre et décharnée, sous couleur d'être facile ; expression fausse et triviale, quand elle veut se rendre populaire ; guindée et étriquée, quand elle vise au sublime ; citations forcées et pédantesques, mots ambitieux et personnalités sournoises, langage presque toujous équivoque et constamment inégal, allant du mystique au graveleux, et des fureurs du tribun aux tendresses de l'homélie : voilà pour le style. Vues d'apropos toujours superficielles et n'ayant d'autre fin que de mettre l'orateur plus en relief et son orgueil plus à l'aise, discussions détournées de leur objet et de leur but, sarcasmes offensants au lieu de raisons solides : voilà pour la dialectique. Mais la moralité même de l'œuvre, qu'est-elle, Bonté divine ! Combien de fois je me suis dit en lisant vos discours : « Cet homme, s'il est vraiment « chrétien, doit se faire de bien cruels repro- « ches, quand à la suite d'une de ses débauches « parlementaires, il s'interroge devant Dieu. « Mal certain pour un bien incertain, passions « soulevées et scandales produits, sans aucun « bon effet ni avéré ni même probable : voilà « ce que doit lui répondre sa conscience. Et « Dieu, comment le jugera-t-il, si sa faute est « toujours la même, sinon toujours plus grave?»

Et alors je vous plaignais, en faisant des vœux sincères pour votre amendement. Et les malignes réflexions de vos adversaires sur « l'âpreté, peu chrétienne, du jeune M. de Montalembert » étaient précisément pour moi un sujet d'espérance. « Il est jeune, pensais-je, il se corrigera. »

Je vous plaignais alors; aujourd'hui je vous déteste : non pas vous, pauvre Monsieur de Montalembert, mais l'erreur, détestable en effet, dans laquelle vous persistez et croupis- sez. Car vous n'êtes plus jeune, à présent, et vous marquez d'un triste sceau d'expérience votre vieillesse prématurée.

Savez-vous bien comment on qualifie votre dernier discours? Je l'ai entendu appeler « une lâcheté dans une hypocrisie. »

Pour ma part, je repousse énergiquement de pareils termes; mais que puis-je y voir, dans ce discours, sinon « un sophisme contre le Suffrage universel dans une attaque masquée contre la Constitution. » Que d'équivoques et que d'ambages, cher Monsieur! Et où sont-elles, la simplicité et la charité chrétiennes, où est-elle seulement la loyauté dans ces détours misérables?

Voyez plutôt vous-même!

⁑

Vous respectez la Constitution, dites-vous, *quoique vous ne l'ayez pas faite.*

Comment la respectez-vous?

Vous commencez par trouver ses entraves *fatales :* autrement elles seraient *nulles.* Allez! c'est plus clair que vous ne pensiez dire.

Vous avez soin de faire remarquer ensuite

que vous avez voté contre cette même Constitution.

Et comme si ce n'était pas assez, vous dites que c'est la rendre odieuse que de prétendre l'invoquer en faveur de la Liberté des peuples, —de la Liberté de la Presse—et de la Liberté d'association : — ce qui prouverait une fois de plus, si cela était nécessaire, que vos superbes proclamations d'autrefois n'étaient malheureusement que des déclamations en faveur de la Liberté des peuples, —de la Liberté de la Presse—et de la Liberté d'association.

Or, la Constitution, elle, proclame bien ouvertement et bien complètement les libertés dont vous ne voulez plus.

Donc la Constitution vous est odieuse comme elle doit être odieuse à tous les hommes *honnêtes et modérés* tels que vous. C'est ainsi que vous la respectez, cette Constitution, et que vous lui obéissez.

❀※❀

Voilà pour la Constitution. Voici maintenant pour le *Suffrage universel.*

« La Constitution doit faire vivre la société;

« Or, le Socialisme fait des progrès :

« Donc, il faut restreindre le Suffrage universel. »

N'est-ce pas là un raisonnement admirable?

La Constitution doit faire vivre la société;
— la société n'est pas morte, que je sache,
et elle n'a même pas envie de mourir.

Or, le socialisme fait des progrès ; — qu'est-
ce que cela prouve contre le suffrage universel? Et pourquoi le punir, ce pauvre suffrage,
d'un mal que certainement il n'a pas fait?

A moins que vous ne prétendiez, comme
M. Pierre Leroux, que le suffrage universel,
c'est le socialisme. — Belle proposition encore!

Mais, dans ce cas, vous êtes socialiste,
vous, et toute la majorité qui vous ressemble ;
car vous n'existez, ne parlez, ne légiférez, ne
blasphêmez contre le suffrage universel qu'en
vertu du suffrage universel.

Êtes-vous assez aveugle ou assez ingrat,
mon pauvre Monsieur de Montalembert !

❈

Sérieusement, vous ne confondez pas ni ne

pouvez confondre le Suffrage universel avec le Socialisme.

Où avez-vous jamais vu le Socialisme plus redoutable que sous le gouvernement du privilége, sous la monarchie, alors que, n'étant ni discuté, ni même connu, il s'imposait à ses fanatiques adeptes comme une loi aveugle et fatale?

Où fut-il moins dangereux, au contraire, que sous le gouvernement du *droit commun*, sous l'empire du Suffrage universel, depuis que ses différentes sectes et ses nombreuses dissidences venant à se produire au grand jour, il s'éclaire forcément et se réforme lui-même, ou doit mourir misérablement sous les coups de la loi ou sous les coups du ridicule?

Mais regardez donc à la voie qui vous entraîne et qui vous perdra, si l'on vous laisse faire.

Ce n'est pas seulement le Suffrage universel que vous devez atteindre; déjà vous avez méconnu et foulé aux pieds le Droit des nations dans l'*Expédition de Rome*; déjà vous avez supprimé la Liberté d'association, en fermant les clubs et jusqu'aux réunions électorales; et aujourd'hui vous poursuivez la Presse avec un acharnement sans exemple : les mesures répressives n'y suffisent plus : la prévention s'y surajoute par les négligences fabuleuses de la Poste, par l'arbitraire obtus d'un parvenu de la police. C'est le despotisme que vous établissez, et quel despotisme !

Eh bien ! croyez-vous de bonne foi qu'on puisse aujourd'hui gouverner par le despotisme ? Nos traditions glorieuses de savoir et d'indépendance, les progrès de la civilisation et des lois, les rapports chaque jour plus nombreux et sans cesse renouvelés entre toutes les nations, les besoins et les désirs de chacun, peuple ou individu, mis en éveil ou indéfiniment accrus à ce contact, désormais inévitable : — besoins et désirs de l'esprit, remarquez le, non moins que sollicitudes matérielles : besoin d'amour, de connaissance, de liberté, de liberté surtout : — enfin, la volonté de la Providence qui propose à l'homme sa loi toujours la même, dans des milieux toujours divers, afin que le chrétien, y appliquant son libre arbitre, s'approche toujours davantage d'une perfection que sa faiblesse n'atteindra jamais : plus grand et plus saint, s'il profite humblement des grâces nouvelles que Dieu lui accorde : pire, au contraire, et mille fois plus coupable, si, avec ces nouveaux moyens de salut et de perfection, il ne sait pas rester fidèle ; tout ce magnifique ensemble des desseins de Dieu sur l'homme, cette gloire souveraine de l'Eternel, manifestée au plus haut dégré par l'accomplissement de plus en plus marqué de ses « conseils de miséricorde et de justice, » n'est-ce donc pas le règne de Dieu sur la terre ? Et serait-ce par le despotisme qu'on y arrive ? Non, non, ce n'est pas la *Cité de Dieu* que vous voulez fonder ; c'est la *Cité des hommes.* Relisez Bossuet, relisez saint Augustin, relisez surtout la Bible.

Nous voilà bien loin, cher Monsieur, des petites lois, des petites frayeurs et des petites rancunes ; revenons-y, puisque vous le voulez.

Voici donc que pour y satisfaire, d'un seul trait de plume vous retranchez TROIS MILLIONS d'hommes au moins de la liste électorale, et que vous prétendez en cela ne faire tort à personne, ne porter aucune atteinte à la Constitution

La main sur la conscience, en êtes-vous bien sûr, M. de Montalembert?

TROIS MILLIONS d'hommes au moins sur neuf, c'est à dire un grand tiers de la société active, dépouillé de ses droits politiques : cela ne fait tort à personne?

TROIS MILLIONS d'hommes, les plus à plaindre, — puisqu'à vous en croire, ce sont les plus pauvres ou les plus coupables, — TROIS MILLIONS de malheureux privés du droit de se choisir un défenseur, dans la grande cause qui s'instruit et se poursuit le plus souvent contre eux, devant des juges de privilège : est-ce juste, est-ce charitable?

Mais laissons la charité qui, je le vois trop bien, ici n'a rien à faire. Est-ce habile seulement, est-ce prudent?

TROIS MILLIONS d'hommes, que par un seul et même arrêt vous déclarez incapables ou indignes, n'en faites-vous pas, du même coup, TROIS MILLIONS D'ENNEMIS?

Et pouvez-vous dire que, dans cette *multitude* de citoyens que vous notez d'*infamie*;

il n'y en a pas un très-grand nombre qui ait voté pour vous et les vôtres !

Je ne citerai qu'une classe de ces pauvres *parias* sans le savoir qui se tronveront bien surpris et bien mortifiés, je vous jure, d'être ainsi déclarés indignes. Voilà par exemple, les *Compagnons du Devoir*, dont la fraternité proverbiale remonte pour le moins aussi haut que votre noblesse, Monsieur le Comte : voilà ces braves *Compagnons* qui, à part quelques horions qu'ils se distribuent de temps en temps entr'eux et dont le nombre, du reste, diminue sensiblement, ont toujours eu à cœur de se montrer les fidèles serviteurs de l'État et les intrépides soutiens de la loi : les voilà mis au ban de la nation et traités comme des forçats ! Et pourquoi ! parce qu'ils accomplissent ce qui est de l'essence même de leur œuvre, en même temps qu'une preuve manifeste de leur vie honnête, intelligente et active, parcequ'ils font le *tour de France.* Vrai ! c'est aussi absurde qu'odieux. Ah ! mon cher Monsieur de Montalembert, croyez-moi, ce n'est pas quand nos tristes rois en sont réduits à faire et refaire le tour du monde, qu'il faudrait *mécaniser* ainsi le brave Compagnon du Devoir, qui ne fait, lui, qu'une fois, et pour le bon motif, son joyeux et laborieux tour de France.

✦✧✦

Tuer politiquement et moralement trois millions d'hommes : voilà ce que vous faites, M. de Montalembert.

— Est-ce seulement avec des armes politiques ?

— Non Monsieur.

Malgré vos réticences et vos dénégations, vos paroles à double sens ont produit leur effet nécessaire.

Elles ont irrité et envenimé les mauvaises passions dans les deux camps.

Vous voulez *à l'intérieur une expédition de Rome contre le socialisme,* Monsieur de Montalembert !

Vous avez beau dire ensuite et vos collègues vous en défendre, la manière dont vous le dites et les circonstances où vous le dites prouvent assez que c'est la guerre civile, oui, la guerre civile que vous prêchez sans le vouloir.

Vous voulez *continuer les hommes de Juin* : ce sont encore vos paroles. Vous savez pourtant bien que les hommes de Juin n'y allaient pas de main morte et rien que par les voies légales.

Au surplus, de quels hommes de Juin voulez-vous parler : des vainqueurs ou des vaincus?

Ceux-ci ont soulevé une guerre impie;

Les autres, dans des circonstances très-difficiles, il est vrai, n'ont pas moins consommé le plus grave déni de justice.

Vous êtes du parti le plus fort, pour les vainqueurs : soit! faites donc comme eux et mieux qu'eux : jugez les hommes et respectez la loi : condamnez les électeurs indignes mais respectez le Suffrage universel!

Mais vous faites pis que les hommes de Juin et vous êtes mille fois plus coupable qu'eux; car, sans plus de discernement et avec infiniment moins de raison, vous frappez tout ensemble et la loi et les hommes.

Vous frappez le Socialisme sur le dos du Suffrage universel, quand vous avez pour vous défendre contre le Socialisme le Suffrage universel lui-même, — et la majorité de l'Assemblée nationale, — et le Pouvoir exécutif, — et l'Armée, — et les Finances, — et la Magistrature, — et le Clergé, — et l'Université, — et toute cette autre armée innombrable des fonctionnaires publics, depuis le président Napoléon jusqu'au dernier des rats-de-cave, et toute cette race de trafiquants parvenus qui tiennent sous leur dépendance, comme sous un couteau toujours ouvert, tant de milliers de pauvres ouvriers *sédentaires*, ceux-là, non pas *nomades* !

Un si grand luxe de défense pour une cause que vous dites si bonne ! Vous n'avez donc pas foi dans votre cause ?

Tenez ! si le Socialisme est un parti, même une armée, c'est votre faute ; c'est à vous qu'il faut s'en prendre : à vos frayeurs ridicules ou pernicieuses.

Je ne suis pas plus socialiste que vous ; mais je veux la charité dans la loi, et vous allez jusqu'à en retrancher la justice.

Je ne suis pas socialiste ; mais je ne me ferai jamais, comme vous, le séide de quelques intrigants—carlistes—philippistes ou bonapartistes, — lesquels n'exagèrent tant le mal que pour se faire à eux-mêmes plus de bien.

A nous la guerre civile ; à eux la Couronne

et les beaux emplois : voilà le marron qu'avec vos griffes, ils voudraient tirer du feu.

Et pourriez-vous jurer qu'à la faveur même de leurs luttes intestines et honteuses, le Socialisme — et cette fois il ne s'agirait plus ni de la Charité ni du Progrès légitime qu'on a voulu flétrir sous ce nom aveugle — que le socialisme *démagogique et révolutionnaire* c'est-à-dire le Communisme, c'est-à-dire la Terreur ne se relèverait pas plus redoutable, plus implacable, et qu'alors notre malheureuse patrie ne deviendrait pas un théâtre de vengeances, de massacres et de ruines, sinon la proie de l'étranger ?

Pensez-y bien !

❄

Et maintenant videz tout l'arsenal de vos métaphores désespérées : *jetez les clefs de votre tour par-dessus les murailles : dites qu'il faut la faire sauter, la tour :* dévouez-vous aux *dieux infernaux de la révolution !* Les intrigants de tous les partis battront des mains, les imbéciles frémiront d'horreur ; mais parmi les hommes d'autant de sang-froid que de conscience, — et

Dieu merci, il en est encore! — on en rira de pitié, mais, à coup sûr, on en rira.

Aimez-vous mieux qu'on vous prenne au sérieux, Monsieur de Montalembert? Mais alors vous seriez odieux ou méprisable.

Quoi! lorsque votre noble ami, M. Thiers, vient vous déclarer lui-même qu'il ne manque pas de bourgeois exaspérés, lesquels se sont écriés, dans leur désespoir stupide : « Eh bien! s'il faut la guerre civile, que ce soit plus tôt que plus tard!» Quoi, c'est dans des circonstances pareilles que vous pousseriez vous-même votre cri de *guerre légale*, si équivoque, en vérité, qu'on le prendrait pour un cri de *guerre civile?* allons donc! Vous seriez un misérable.

Ah! Monsieur de Montalembert, dévouez vous plutôt aux *dieux infernaux :* cela est moins triste.

Je me rappelle à ce propos une petite anecdote que je veux vous raconter.

« C'était en *Cour des Pairs* (pardonnez-moi d'y revenir : je ne trahis aucun secret) dans l'affaire d'Avril, dite Procès-Monstre; un conflit s'était élevé entre le Parquet et les accusés, au sujet de Conseils que ceux-ci ré-

clamaient et que refusait le Ministère public.
Dans la chaleur d'une discussion bruyante et
confuse, l'un des accusés dit à l'avocat-géné-
ral : « Eh bien, prenez ma tête ! — Que voulez-vous que j'en fasse, de votre tête? » répli-
qua l'autre, cette fois mieux inspiré que de
coutume. » La Révolution pourrait bien vous
en dire autant, Monsieur de Montalembert :
Que voulez-vous que j'en fasse, de votre
tête? Gardez-là, gardez-là, non-seulement
pour notre plaisir, mais aussi pour notre ins-
truction. Qu'elle vive, qu'elle vive longtemps,
cette tête *si chère!* Qu'elle voie, qu'elle en-
tende et qu'elle parle! Qu'elle parle surtout !
Il n'est rien de tel que le spectacle de l'ivresse
pour guérir de l'amour du vin.

⊕❋⊕

Votre rôle est fini, Monsieur de Montalembert.

Avant la révolution vous défendiez, toujours avec exagération et prétention, mais
enfin vous défendiez la Liberté de conscience
et même les autres libertés.

La République,—ce sera sa gloire éternelle, — a rendu à l'Église de France les libertés que la Monarchie lui refusait. Non-seulement le culte est libre, et *rétribué quoique libre*; mais le prêtre exerce librement ses droits de citoyen jusqu'au sein du parlement. Nous voyons des prêtres, des évêques dans l'Assemblée nationale; nous y avons vu des moines, et si les moines s'en sont allés, c'est qu'ils l'ont bien voulu. Les associations religieuses florissent, les maisons d'éducation dirigées par le clergé pullulent, les séminaires ne d minuent pas, les synodes diocésains se r'ouvrent; partout l'Église de France a ressaisi sa place sur le terrain du droit commun.

Quoi de plus, et qu'auriez-vous encore à dire? Rien; et c'est pour cela peut-être que vous vous indignez.

❈

Il fallait un aliment à votre ardeur inquiète et vous vous êtes fait l'apôtre de la réaction, du despotisme, comme vous étiez naguère le héraut de la liberté.

Ici encore votre voix a été entendue.

Nous avons eu l'expédition de Rome!

Et le clergé, qui semblait entrer si franche-
ment dans les voies de l'ère nouvelle, recule
et redevient, avec ses alliés du privilége, de
jour en jour plus réactionnaire, plus tracas-
sier et plus despote.

Plus de liberté d'association que pour le
clergé et les hommes du privilége;

Plus de liberté de la presse que pour les or-
ganes du clergé et du privilége;

Nous ne pouvons même plus, dans l'église,
prier librement pour la République.

Cette pauvre République, elle n'a plus d'autre appui que la Constitution; et la Constitution, vous l'avez jugée, Monsieur de Montalembert!

Vous le voyez donc bien, de toute manière,
votre rôle est fini. Lavez-vous en les mains,
si c'est possible.

✯

Vous n'aimez pas les philosophes, Monsieur
de Montalembert; mais vous avez la prétention d'être historien. Moi, je sais moins de

faits et moins de dates que vous, assurément ;
mais j'ai peut-être mieux profité des ensei-
gnements de l'Histoire, précisément parce que
j'ai la prétention d'être un peu philosophe.
Écoutez-moi!

Au seizième siècle, la Papauté eut peur
comme aujourd'hui ; elle ne se crut pas assez
forte pour résister à la Réforme, et elle en ap-
pela au bras séculier. Celui-ci ne se fit pas
attendre : il y eut le massacre de la Saint-Bar-
thélemy et les guerres de religion en France,
les atrocités du duc d'Albe dans les Pays-Bas,
les vengeances de Marie Tudor en Angleterre,
les fureurs de Christiern en Danemark, l'hor-
rible et sacrilége guerre de Trente ans en Al-
lemagne, c'est-à-dire des millions d'hommes
égorgés et des millions d'âmes vouées à la
perdition.

Quel en fut le résultat politique? Le traité
de Wesphalie. Et qu'est-ce que le traité de
Wesphalie? L'Equilibre européen, c'est-à-dire
le protestantisme en pratique, la consécration
de l'égoïste maxime qui nous gouverne encore : *Chacun chez soi, chacun pour soi!* En
d'autres termes, ce fut, pour le Saint-Siége,

la perte de sa suprématie temporelle ; et pis encore, la perte de sa suprématie morale; sa plus belle prérogative, celle qui semblait devoir résister à toutes les évolutions du Temps et du Monde, car elle faisait du pape le médiateur des nations, l'*Agneau dominateur au milieu des loups dévorants*, le pasteur unique qui devait un jour rassembler tout le troupeau.

C'était une terrible leçon. Le clergé, désormais confiné dans son église particulière, sut-il du moins en faire son profit? Non : comme la papauté au seizième siècle, il manqua de foi, et nous eûmes la persécution barbare contre les Jansénistes, les Dragonades et tous les scandales du Dix-huitième siècle.?

Conséquence fatale : La révolution de 1789, la constitution de 1791, les massacres de Septembre et toute la persécution contre le Clergé!

Ce fut une autre et épouvantable leçon. Celle-là du mois portera-t-elle ses fruits? Je tremble, hélas, quand je vois rien que dans cette Maison des Carmes, témoin de tant d'horreurs, l'élite du jeune clergé reprendre, à votre voix, ses allures dominatrices et presque factieuses.

⊕⁂⊕

Votre rôle est fini. Mais comme il aurait pu se continuer glorieusement et longtemps, Monsieur de Montalembert !

Je ne vous rappellerai que quelques exemples. Que ne sont-ils vos modèles !

Au cinquième siècle, Attila ravage les Gaules et fond sur l'Italie. Qui la défendra ? «Dieu !» dit le pape saint Léon, et il marche au-devant du barbare, sans autre arme que la majesté de la religion. Et cependant le barbare est vaincu ; et, tout frémissant, il adore et s'éloigne. Que ne faites-vous ainsi, vous et le Clergé qui vous écoute ? Que n'allez-vous au devant de ces Socialistes que vous appelez des barbares et qui, sous bien des rapports, sous le grand rapport de la religion surtout, sont en effet de véritables barbares. Il faut les vaincre, ces hommes-là ; et c'est à vous catholiques, à vous seuls qu'il est donné de les vaincre. Allez donc au devant d'eux ! allez-y en frères, en toute charité : la victoire est certaine.

— « Nous y péririons avec tous nos biens. »
— Et qu'importe l'argent, les biens et la vie même? La cause que vous défendez n'est-elle pas immortelle? Rappelez-vous un dernier exemple plus frappant peut-être, parce qu'il est plus voisin, digne en tout cas des temps les plus héroïques.

Un prêtre, un évêque apprend, dans son palais, que ses enfants, devenus des frères ennemis et acharnés, vont en venir aux mains; déjà il entend la fusillade et son cœur est déchiré. La Grâce l'éclaire, et cet homme qui n'avait rien manifesté jusque-là au-dessus d'une âme ordinaire, s'écrie avec l'accent d'une charité calme et forte : LE BON PASTEUR DONNE SA VIE POUR SES BREBIS. Et tout aussitôt il marche à la bataille, sans autre arme défensive qu'une branche d'olivier. Il apporte la paix; des barbares lui donnent la mort....

Mais son sang, croyez-vous qu'il soit perdu? Et serait-ce sans dessein que Dieu aurait permis cette admirable sacrifice?

Malheur! malheur! si vous ne le comprenez pas, si vous ne l'imitez pas, vous tous, Prêtres, Riches et Puissants, qui devez ici-bas donner l'exemple.

Vous vous perdrez et le Clergé et la Société avec vous,

ÉPILOGUE.

La loi est votée ; il faut s'y soumettre.

Que ceux qu'elle frappe la supportent avec patience !

Que ceux qui l'ont faite se calment et se rassurent !

Et bientôt on la révisera. — Amen !

UN CATHOLIQUE.

Montmartre. — Imp. Pilloy.